AF888759

www.ingramcontent.com/pod-product-compliance
Lightning Source LLC
LaVergne TN
LVHW010826051026
849532LV00007B/2632
* 9 7 8 9 3 6 9 0 8 8 0 2 7 *

گریۂ شبنم

(شاعری)

نیائے شرما

© Niyae Sharma

Girya-e-Shabnam *(Poetry)*

by: Niyae Sharma

Edition: October '2025

Publisher :

Taemeer Publications LLC (Michigan, USA / Hyderabad, India)

ISBN 978-93-6908-802-7

9 789369 088027

مصنف یا ناشر کی پیشگی اجازت کے بغیر اس کتاب کا کوئی بھی حصہ کسی بھی شکل میں بشمول ویب سائٹ پر
اَپ لوڈنگ کے لیے استعمال نہ کیا جائے۔ نیز اس کتاب پر کسی بھی قسم کے تنازع کو نمٹانے کا اختیار
صرف حیدرآباد (تلنگانہ) کی عدلیہ کو ہو گا۔

© نیائے شرما

کتاب : **گریۂ شبنم** (مجموعہ کلام)

مصنف : **نیائے شرما**

صنف : شاعری

ناشر : تعمیر پبلی کیشنز (حیدرآباد، انڈیا)

سالِ اشاعت : ۲۰۲۵ء

صفحات : ۱۱۰

سرورق ڈیزائن : تعمیر ویب ڈیزائن

محترمہ امینہ کے نام

ترے خلوص پہ قربان ہو گیا ہوں میں
ملا ہوں تجھ سے تو انسان ہو گیا ہوں میں

سب اہلِ غم میں نزاکت کہاں ہے شبنم کی
ریاضِ دہر میں رونا کوئی ہنسی تو نہیں

آئینہ

پیش لفظ

غزل اور نظم میں وہی فرق ہے جو انسانی دل و دماغ میں ہے۔ نظم اگر اردو شاعری کا دماغ ہے تو غزل اردو شاعری کے دل کی حیثیت رکھتی ہے۔ ظاہر ہے کہ اپنی اپنی جگہ دماغ اور دل دونوں کی اہمیت سے انکار نہیں کیا جا سکتا اور یہ حقیقت بھی جھٹلائی نہیں جا سکتی کہ ہماری ہر آن بدلتی ہوئی زندگی کے نت نئے مسائل غزل کی نسبت نظم میں زیادہ وضاحت سے منتقل ہو سکتے ہیں ـــ براہ راست قسم کی شاعری میں بھی غزل کی نسبت نظم سے زیادہ کام لیا جا سکتا ہے۔ لیکن اس کے باوجود اردو غزل کو کئی اعتبار سے نظم پر فوقیت حاصل ہے۔ اختصار اور رمزیت کسی بھی ملک کی شاعری کے دو ایسے جوہر ہیں جو اعلیٰ اور عظیم شاعری کا جزوِ لاینفک کہے جا سکتے ہیں اور یہ دونوں جوہر زیادہ خوب صورت ڈھنگ سے غزل ہی میں ملتے ہیں۔ بلاشبہ غزل کا وجود فارسی ادب کا مرہونِ منت ہے۔ باقاعدہ صنفِ سخن کی حیثیت سے اس کی داغ بیل سب سے پہلے ایران ہی میں ڈالی گئی۔ اور ایرانی ادب سے یہ اردو ادب میں پہنچی۔ لیکن

اردو ادب نے سالہا سال کی مشق اور کاوش کے بعد اسے کچھ اس طرح سے اپنالیا کہ اب یہ صنفِ سخن نظم سے کہیں زیادہ ہمارے مزاج سے ہم آہنگ معلوم ہوتی ہے۔ اس کے علاوہ غزل کے ایک اور وصف کا ذکر بھی بہت ضروری معلوم ہوتا ہے کہ ایک اچھا غزل گو تو کامیاب نظم نگار ہو سکتا ہے لیکن کسی کامیاب نظم نگار کا اچھا غزل گو ہونا ضروری نہیں ہے۔ بلکہ اس مقام پر تو میں یہ کہنے کی جرأت بھی کروں گا کہ کم از کم اسلوب اور بیان کے اعتبار سے تو کوئی بھی کامیاب غزل گو اچھے سے اچھے نظم نگار سے بہتر نظم نگار ثابت ہو سکتا ہے۔ نظم کی افادیت کا مجھے اعتراف ہے اور ذاتی طور پر میں نظم کا مخالف نہیں ہوں۔ میرے کہنے کا مقصد تو یہ ہے کہ لب و لہجہ کی شستگی۔ الفاظ کی نشست و برخاست کی پختگی اور خیال کو زیادہ سے زیادہ موثر انداز سے پیش کرنے کی شاعرانہ خوش سلیقگی کے لئے غزل کی مشق بے حد ضروری ہے۔ علاوہ ازیں ازلی اور ابدی صداقتوں اور ہمہ گیر آفاقی مشاہدوں کو دوسرے اصنافِ سخن کی نسبت غزل میں کہیں زیادہ جامعیت اور جاذبیت کے ساتھ نظم کیا جا سکتا ہے اور شاید یہی وجہ ہے کہ زیادہ تر غزل کے اشعار ہی وقت کے ساتھ ساتھ ضرب المثال کی صورت اختیار کر لیتے ہیں۔

لیکن آج کل کے اکثر و بیشتر نوجوانوں کی غزلوں کو دیکھ کر بہت مایوسی ہوتی ہے۔ وہ غزل کی سالہا سال کی قابلِ قدر روایات سے یک قلم منحرف ہو کر اپنی غزلوں کے رنگ محل تعمیر کرنے کی کوششِ کرتے ہیں لیکن نتیجہ یہ ہوتا

ہے کہ ان کے نتائجِ فکر کو پرلطف بیانات کے علاوہ کسی اور نام سے موسوم نہیں کیا جا سکتا۔ ان کے ہاں کہنے کو نئی باتیں تو شاید ہوتی ہوں گی لیکن کہنے کے انداز سے وہ قطعی بے بہرہ ہوتے ہیں۔

خیال کی اہمیت اپنی جگہ مسلّم لیکن اسلوب اگر ناقص اور کمزور ہو تو عمدہ سے عمدہ خیال بھی اپنی معنویت کو کھو دیتا ہے۔ شاعری میں خیال اور اسلوب دونوں یکساں اہمیت رکھتے ہیں۔ لیکن بیشتر جدید شعراء شعر کہتے ہوئے اس اہمیت کو نظر انداز کر دیتے ہیں۔ اور اس وجہ سے ان کے سماجی اور سیاسی شعور کی تابناکی کے باوجود اُن کے اشعار کے چہرے اُترے ہوئے دکھائی دیتے ہیں۔

نیائے شرما سے میں کبھی نہیں ملا۔ ہو سکتا ہے سن و سال کے لحاظ سے وہ نئے شاعروں کی صف میں شامل نہ ہو سکتے ہوں۔ لیکن میں نے اردو شاعروں میں ان کا نام تقسیمِ وطن کے بعد ہی دیکھا اور سنا ہے۔ اس لئے ذہنی اعتبار سے اُنھیں نوجوان اور جدید شاعروں کے زمرے میں سمجھتا ہوں۔ لیکن یہ امر انتہائی طمانیت بخش ہے کہ وہ اپنی غزلوں میں خیال کے ساتھ ساتھ اسلوب کی قدر و قیمت کو بھی بخوبی سمجھتے ہیں۔ ان کی غزلوں کا مجموعہ جو "گریۂ شبنم" کے خوب صورت اور دل فریب نام سے منظرِ عام پر آ رہا ہے میری نظر سے گزرا اور کئی غزلوں کے کئی اشعار نے ان کی خوش ذوقی اور خوش فکری کا ثبوت بہم پہنچایا ہے اور سب سے زیادہ قابلِ قدر بات جو مجھے اُن کی غزلوں میں محسوس ہوئی وہ یہ ہے کہ نیائے شرما اپنے عہد کے لاتعداد نوجوان شاعروں کی طرح بے راہ روی کا شکار نہیں ہیں۔ غزل کی نئی روایتوں سے قطعی بے نیاز نہیں

ہیں۔ اپنے کئی اشعار میں اگرچہ انھوں نے اجتہاد سے کام لیا ہے لیکن اس اجتہاد میں بھی غزل کے بنیادی تقاضوں سے انحراف نہیں کیا۔ اپنی غزلیہ شاعری میں انھوں نے بالعموم اپنے دل کی دھڑکنوں کو غزل کی روایتی ضرورتوں سے ہم آہنگ کرنے کی کوشش کی ہے۔

غزل عربی زبان کے مصدر مغازلت سے مشتق ہے جس کے معنی ہیں عورتوں سے نرم زبان میں محبت کی باتیں کرنا۔ اور فارسی زبان کے کسی شاعر نے بھی اس روشنی میں غزل کی تعریف ان الفاظ میں کی ہے۔

سخنِ نرم با زناں گفتن

موجودہ اردو غزل میں اگرچہ مضامین کے اعتبار سے بہت وسعت ہے۔ تصوف، فلسفہ، اخلاقیات، مناظرِ فطرت، حب وطن اور سیاست غرضیکہ ہر طرح کے مضامین غزل میں ملتے ہیں۔ لیکن اس حقیقت کی تردید نہیں کی جا سکتی کہ غزل اپنے لغوی اور حقیقی معنوں سے کبھی دور نہیں رہی۔ اور عشقیہ جذبات کا عنصر ہمیشہ دوسرے عناصر سے زیادہ رہا ہے۔ محبت ایک فطری جذبہ ہے۔ انسانی جبلت کا ایک ناگزیر تقاضا جو تہذیبِ انسانی کے کسی دور میں بھی پرانا اور فرسودہ نہیں ہو سکتا۔ ہر دور میں کم و بیش ہر شاعر نے اپنی اپنی افتادِ طبع کے مطابق محبت کو موضوعِ سخن بنایا ہے۔ نیائے شرما کی غزلوں میں بھی عشقیہ شاعری کے کچھ جواہر ریزے ملتے ہیں جیسے ؎

زلفِ محبوب اگر بکھر جائے

رحمتوں کا سحاب ہوتی ہے

۱۵

جانِ من! تم جس نظر میں آ گئے
وہ نظر بھی خوب صورت ہو گئی

ترے حسن نے گل کھلائے ہیں کیا کیا کہیں مسرّت کہیں طور ہو کر
اثر ہے یہ جذبِ محبت کا شاید، کھنچے آ رہے ہیں وہ مجبور ہو کر

ہر آستاں پہ اس لئے ہے سربسجدہ دل
شک یہ گزر رہا ہے ترا آستاں نہ ہو

اس ماہ رو کے حسن کی اللہ ری کشش
میری نظر گئی جو وہاں جا کے رہ گئی

خدا جانے کیا کہہ گئی وہ نظر
گلہ لب تک آتے دعا ہو گیا

نیائے شرما کی شاعری کی مجموعی فضا غمناک بلکہ نمناک سی ہے۔ ایسا گمان ہوتا ہے کہ انھوں نے اپنے آنسوؤں کی روشنائی سے شعروں کو لکھا ہے۔ اس اعتبار سے "گریۂ شبنم" کا نام انتہائی مناسب معلوم ہوتا ہے اور جیسا کہ خود انھوں نے ایک جگہ لکھا ہے

۱۶

سب اہلِ دل میں نزاکت کہاں ہے شبنم کی
ریاضِ دہر میں رونا کوئی ہنسی تو نہیں

بلاشبہ نیائے شرما کے غم میں شدّت نہیں نزاکت ہے۔ ان کے شعروں میں غم کے شعلے نہیں لپکتے بلکہ غم کی ہلکی ہلکی آنچ محسوس ہوتی ہے لیکن اس ہلکی ہلکی آنچ نے ان شعروں میں بڑا تیز اور پائیدار تاثر پیدا کر دیا ہے جیسے ؎

غنچوں میں تازگی ہے نہ پھولوں میں جان ہے
افسردہ سی ہے صبحِ بہاراں ترے بغیر

خیال آگیا کس کے روئے حسیں کا
چمکتا ہے ہر داغِ دل طور ہو کر

غم یہی ہے کہ آپ غم گیں ہیں
اپنے غم کا نہیں ملال مجھے

اک فقط اپنی بے بسی کے سوا
کون ہوتا ہے بے سہاروں کا

عمر بھر کا عہدِ الفت خوبصورت وہم ہے　　　　دل سے ہوتا ہے مگر یہ وہم ہی مشکل سے دُور

جب بھی سوتا ہے کوئی ہجر نصیب
ٹوٹ جاتا ہے دل ستارہ دل کا

اس غم نے ان کے شاعرانہ احساس کو لطافت عطا کی ہے۔ اُسے اور تیکھا کر دیا ہے اور اب اگر وہ یہ دعویٰ کرتے ہیں تو حق بجانب ہیں ؎

غم کا ہلکا سا رنگ جس میں نہیں
وہ مسرت بہت ہی پھیکی ہے

اس غم نے ان کے دل و دماغ میں غم کی جو ہلکی سی خلش پیدا کی ہے وہی اس قسم کے شعر کی تخلیق کا محرک ہو سکتی ہے ؎

جس گلستاں میں کوئی خار نہیں
میرے نزدیک پُر بہار نہیں

اور اس غم کی دھیمی دھیمی آنچ نے انھیں دُنیا سے بیزار نہیں کیا بلکہ ان کے شعور کو وہ تابناکی عطا کی کہ وہ غم کی حیات پرور اہمیت کو ان الفاظ میں تسلیم کرنے پر مجبور ہو گئے ؎

غم جیسے وجہِ شادمانی ہے
محرمِ رازِ زندگانی ہے

غم نے اُنھیں غیر معمولی طور پر حساس بنا دیا اور جیسا کہ ہر حسّاس آدمی کے ساتھ ہوتا ہے اُنھیں بھی بیشتر خود غرض اور ریاکار دوستوں سے دوچار ہونا پڑا۔ دوستوں کے متعلق اپنے ناخوشگوار ردِ عمل کو انھوں نے اپنے کئی شعروں میں بیان کیا ہے، جیسے ؎

۱۸

مجھے مار ڈالا ہے گو دوستوں نے
مگر پھر بھی اُن سے گلہ تو نہیں ہے

دوستو! کیا ہو گیا تم کو ہمیں
زخم کھائے ایک مدت ہو گئی

مرے دشمنوں کا سلوک بھی نہیں آج تک دکھا سکا
غمِ زندگی کے وہ دن مجھے مرے دوستوں نے دکھا دئیے

مجھ کو اپنے رازداروں کی خوشی مقصود ہے
جس قدر چاہیں مرے احساس کو رسوا کریں

پہلے کی طرح پھر ساتھ آئے جب رنج و الم کی رات کٹی
اے صبح طرب! اب تو ہی بتا کب دوست ہمارے کو دے ہوئے

فریب دینے کے بارے میں آپ ہی جانیں
فریب کھانے کی عادت مگر بُری تو نہیں

کس لئے چھیڑتے ہو زخموں کو پوچھ کر حال میرے یاروں کا

۱۹

ان کے شعروں سے صاف معلوم ہوتا ہے کہ ان کے دوستوں نے ان کو بہت سے فریب دئے ہیں۔ ان کا حساس دل بری طرح دکھایا۔ تاہم شرما صاحب کو اپنے دوستوں کا ممنون ہونا چاہئے کیونکہ دوستوں کا رویہ اذیت ناک ہونے کے باوجود ان کی شاعری کے حق میں تو کافی سودمند ثابت ہوا ہے۔ ظاہر ہے کہ انھیں اس قسم کے دوست نہ ملتے تو وہ مذکورہ بالا قسم کے دل گداز شعر کیونکر کہہ سکتے۔

مجھے بتایا گیا ہے کہ نیائے شرما اپنی روزمرہ زندگی میں نہایت پرہیزگار اور خدا پرست قسم کے انسان ہیں۔ لیکن تعجب ہے کہ اپنے اکثر اشعار میں وہ ایک رندِ لاابالی کے لباس میں نظر آتے ہیں اور شراب کی نہایت رنگین اور لطیف کیفیتوں کے بارے میں ان کے ہاں نہایت وجد انگیز شعر ملتے ہیں۔ ان کے ایسے شعروں کو دیکھ کر بے اختیار ریاض خیرآبادی کی یاد آجاتی ہے۔ جنہوں نے عمر بھر شراب کو چھوا تک نہیں۔ لیکن ایسی روح پرور رندانہ شاعری کی کہ بڑے بڑے بلا نوش قسم کے شاعر عش عش کر اٹھیں۔ نیائے شرما کی غزلوں میں ایسے اشعار کثرت سے ملتے ہیں جن کا ایک ایک لفظ شرابِ ناب میں ڈوبا ہوا معلوم ہوتا ہے جیسے ۔

جاگیر مل گئی ہمیں ساقی کے فیض سے
ایک ایسی سرزمیں کہ جہاں آسماں نہ ہو

ان مے فروش آنکھوں سے ایک بار پی تھی — اس کے اثر سے اب تک میں لڑکھڑا رہا ہوں

کوئی جامِ آتشیں ساقی! عنایت ہو کہ ہم
آگ ہی سے اپنے دل کی آگ کو ٹھنڈا کریں

لوگ کہتے ہیں دخترِ رز جس کو
کشورِ بے خودی کی رانی ہے

اردو شاعری میں شیخ۔ زاہد یا واعظ کا ذکر اکثر ملتا ہے اور کئی شاعروں نے اس پر پھبتیاں کسی ہیں۔ خاص طور پر رندانہ مزاج کے شاعروں نے تو اس غریب کی مٹی پلید کرنے میں کوئی کسر باقی نہیں رکھی دراصل یہ ہستی اردو شاعری میں ایک سمبل کے طور پر ظاہر ہوتی ہے۔ ایک ایسے انسان کے سمبل کے طور پر جو ظاہری اعتبار سے تو انتہائی عبادت گزار اور خدا پرست ہے لیکن باطنی طور پر پرلے درجے کا ریاکار اور مفسدہ پرداز۔ اردو شاعروں نے اس ذاتِ مبارک کا ذکر کرتے ہوئے زیادہ تر اس کے قول و فعل کے تضاد ہی کو پیش کیا ہے۔ نیائے شرما کی رندانہ شاعری میں بھی اس سے چھیڑ چھاڑ کے کافی نمونے ملتے ہیں، جیسے ؎

ہر ایک سجدے میں ارمان حور و غلماں کا
یہ اک طرح کی تجارت ہے بندگی تو نہیں ۔

۲۱

میری نظر میں کم نہیں آبِ حیات سے
زاہد ترے خیال میں بیشک شراب ہے

لے کر خدا کا نام اے زاہد چڑھا بھی جا
ساغر میں بادہ کم ہے زیادہ گلاب ہے

ساقی جنابِ شیخ کو بھی ایک آدھ جام
تبلیغ کافروں کی تو عینِ ثواب ہے

کیا حشر تا ابد رہے غرقِ گناہِ زہد
وہ رند جس پہ سایۂ پیرِ مغاں نہ ہو

نہایت مقدس سہی آبِ کوثر
مگر اس میں مے کا مزا تو نہیں ہے

شراب اک دشمنِ جاں ہے ترے نزدیک اے واعظ
ہمیں یہ چیز تو غم کی دوا معلوم ہوتی ہے

لیکن جیسا کہ میں اوپر بھی ذکر کر چکا ہوں۔ نیائے شرما شرابِ ناب کے نہیں صرف بادۂ سخن کے متوالے ہیں۔ کرنے کو تو انھوں نے ہر رنگ کی شاعری کی ہے اور وہ آسانی سے کہہ سکتے ہیں کہ ع

ہر رنگ کی شراب پیالے میں ہے مرے

اپنی غزلیہ شاعری کے آئینہ خانے میں وہ کہیں ایک حسن پرست اور عاشق مزاج اور کہیں ایک رندِ لاابالی کے لباس میں نظر آتے ہیں لیکن اُن کی باطنی شخصیت کا اظہار دراصل ان شعروں میں ہوتا ہے جن میں وہ ایک مفکر کی طرح حیات و کائنات کے بوقلموں مسائل پر سوچتے ہیں۔ اور سوچنے کی دعوت دیتے ہیں جہاں ان کا وجدان شعر عرفان کی بلندیوں سے ہم کنار معلوم ہوتا ہے اور جہاں ایک دردمند اور انسان دوست شاعر کی طرح غمِ ذات کو غمِ کائنات کے پس منظر میں دیکھ کر وہ ایسا شعر کہہ جاتے ہیں سہ

دشمن کے حالِ زار پہ بھی رو رہا ہوں میں
یہ سوچ کر کہیں یہ مری داستاں نہ ہو

ان کے معنوی کردار کو ان کے اس قسم کے اشعار اجاگر کرتے ہیں جس میں وہ کچھ ماورائی حقیقتوں کو بھی شدت سے محسوس کرتے ہیں، جیسے سہ

جس طرف میں، نہیں وہاں میں بھی
جس طرف تم، وہاں خدائی ہے

۲۳

اب مجھے انتظار ہے اپنا
اب مجھے تیرا انتظار نہیں

خوب صورت مری نظر ہے فقط
کوئی جلوا تو خوش جمال نہیں

اگر انسان کا ذوق عبادت خوب صورت ہو
تو ہر مٹی کی مورت دیوتا معلوم ہوتی ہے

جسے تو حسنِ مجسم کا نام دیتا ہے
کہیں یہ تیری نظر ہی کی دلکشی تو نہیں

نیائے شرما کی غزلوں میں متنوع موضوعات سے متعلق رنگا رنگ اشعار ملتے ہیں لیکن ہر قسم کے شعروں کے انداز بیان میں بے تکلفی اور برجستگی بدرجۂ اتم موجود ہے۔ اپنے گوناگوں احساسات کو وہ نہایت سیدھے سادے عام فہم اور رواں دواں اسلوبِ سخن سے قاری تک پہنچاتے ہیں۔ ان کے مجموعۂ کلام میں زیادہ تر قریب النثر مصرعے اور شعر ملتے ہیں جیسے ؎

۲۴

جس کا اظہار ہو نہیں سکتا
ہم نے دل پر وہ چوٹ کھائی ہے

موت کا اعتبار ہو تو ہو
زیست کا کوئی اعتبار نہیں

اپنا رہبر ہی جب نہیں کوئی
گمرہی کا کوئی سوال نہیں

یہی حیات اگر ہے تو کیا حیات ہے یہ
اگر یہی ہے زمانہ تو کیا زمانہ ہے

رہزنوں کا تو خیر کیا کہنا
رہبروں کا بھی اعتبار نہیں

چھوٹی بحروں میں تو اُنھوں نے اپنی رنگینیٔ طبع کے خاص طور پر بہت سے جوہر دکھائے ہیں۔ بعض شعروں کا لب و لہجہ داغؔ دہلوی کی یاد تازہ کر دیتا ہے جیسے ؎

۲۵

شکایت آپ سے ہے میرے دل کو
محبت بھی مگر ہے آپ ہی سے

رنگ و بو کا مآل ظاہر تھا
خواہشِ رنگ و بو کئے نہ بنی

نیائے شرما ایک بنتے اور اُبھرتے ہوئے شاعر ہیں۔ ایک نظری شاعر کے تمام اوصاف ان کے شعروں میں جھلکتے ہیں۔ ان کی غزلوں کا کینوس بھی محدود نہیں ہے۔ مختلف موضوعات پر انھوں نے نہایت چابک دستی اور ہنرمندی سے اپنے اشعار میں اظہارِ خیال کیا ہے ان کی شاعری کے نمایاں پہلوؤں کا ذکر میں نے ان کے اشعار کی مثالوں کے ساتھ کر دیا ہے۔ بہ حیثیتِ مجموعی ان کی شاعری مجھے کافی خوشگوار اور مزہ دار معلوم ہوئی ہے۔ اور اس میں مقبولِ خاص و عام ہونے کی خوبی موجود ہے۔ ان پہلوؤں کے علاوہ نگاہِ نکتہ داں یقیناً خوبیوں کے کچھ اور پہلو بھی تلاش کرلے گی۔ اور اس کے برعکس نگاہِ نکتہ چیں ان اشعار میں ممکن ہے کہ زبان و بیان کی کچھ لغزشیں بھی ڈھونڈ لے۔ یہ دعوے تو نہیں کیا جاسکتا کہ نیائے شرما کی شاعری بالکل بے عیب ہے ـــــ اس کے مطالعے سے نگاہِ نکتہ چیں کو یقیناً قطعی مایوسی کا سامنا نہیں کرنا پڑے گا۔

۲۶

لیکن نیائے شرما کی شاعری کے متعلق یہ بات بلاخوفِ تردید کہی جاسکتی ہے کہ وہ اوّل سے آخر تک ہے پُرکیف ۔ اور یہ وہ جوہر ہے جس سے نیائے شرما کے بے شمار ہم عصر جو بزعمِ خویش اپنے آپ کو بہت بڑا شاعر سمجھتے ہیں قطعاً محروم ہیں اور میرے نقطۂ نظر سے کسی شعر کا پُرکیف ہونا اس کے بے عیب ہونے سے کہیں زیادہ لائقِ تحسین ہے ۔

(علامہ) درد نکودری

ایڈیٹر روزانہ "ہند سماچار" جالندھر

۲۷

میرے دلِ حزیں پہ عنایت نہ کیجیے
بیٹھے بٹھائے مُفت کی زحمت نہ کیجیے
یا ان پری وشوں سے محبت نہ کیجیے
یا ان سے بے رُخی کی شکایت نہ کیجیے
رہنے ہی دیجیے مجھے جس حال میں ہوں میں
للہ مجھ پہ چشمِ عنایت نہ کیجیے

۲۸

اک آہ پر تو ختم ہے سب داستانِ عشق
بے کار آپ خوفِ طوالت نہ کیجیے

اے ہم نشیں! یہ اپنی وفا کا ہے ماحصل
مر جایئے کسی سے محبّت نہ کیجیے

آنکھیں بچھائے بیٹھا ہوں میں رہگزار میں
میری طرف نگاہِ حقارت نہ کیجیے

دِل صرفِ غم ہو سینہ ہو چھلنی جگر ہو چاک
ہونٹوں کو آشنائے شکایت نہ کیجیے

چشمے بھی ہیں رواں یہاں آبِ حیات کے
شبنم پہ آپ صبر و قناعت نہ کیجیے

کس کے کرم سے میری نظر کامیاب ہے
جو ذرّہ ہے نگاہ میں وہ آفتاب ہے
دل ہو کہ جان وقفِ غم و اضطراب ہے
اس شوخ کے فراق میں جینا عذاب ہے
یارب یہ وہم ہے کہ حقیقت کہ خواب ہے
محفل میں اب وہ پردہ نشیں بے نقاب ہے

میری نظر میں کم نہیں آبِ حیات سے
زاہد ترے خیال میں بے شک شراب ہے

لے کر خدا کا نام اے زاہد چڑھا بھی جا
ساغر میں بادہ کم ہے زیادہ گلاب ہے

ساقی جنابِ شیخ کو بھی ایک آدھ جام
تبلیغ کافروں کی تو عینِ ثواب ہے

خلوت میں پیشِ آئینہ شرما رہے ہیں وہ
اللہ رے کس قدر انھیں پاسِ حجاب ہے

ساقی مجھے بھی بادۂ صافی کا ایک جام
میری بھی زیست وقفِ غم و اضطراب ہے

۳۱

سینے سے تیرے غم کو ہنس کر لگا رہا ہوں
نقشِ وفا رہوں گا نقشِ وفا رہا ہوں
اُن مے فروش آنکھوں سے ایک بار پی تھی
جس کے اثر سے اب تک میں لڑکھڑا رہا ہوں
بیٹھے بٹھائے یونہی کچھ یاد آگیا تھا
کس نے کہا یہ تم سے آنسو بہا رہا ہوں

۳۲

اب نا اُمید ہو کر دل بُجھ چکا ہے میرا
اب اپنے غم کدے کی شمعیں بجھا رہا ہوں
دُنیا سمجھ رہی ہے میں شادماں ہوں لیکن
اے دوست قہقہوں میں غم کو چھپا رہا ہوں
کیا جانے یہ ستمگر کب تک خفا رہے گی
میں اپنی زندگی کو کب سے منا رہا ہوں
کیا داد کی توقع کیا خواہشِ ستائش
کھا کھا کے زخم دل پر نغمے سُنا رہا ہوں

واہ کیا شان بے دلی کی ہے
ہم نے مر مر کے زندگی کی ہے

غم کا ہلکا سا رنگ جس میں نہیں
وہ مسرت بہت ہی پھیکی ہے

جان دی ہے اس پہ دُنیا نے
جس نے دُنیا سے بے رُخی کی ہے

۳۴

کیا یہی بد دعا تھی میرے لئے
کیوں دعائے سلامتی کی ہے
بارہا ذہن کے اندھیرے میں
تیری یادوں نے روشنی کی ہے
ڈھونڈتا ہوں مگر نہیں ملتا
احتیاج ایک آدمی کی ہے
میرے نزدیک چاندنی کا غبار
گرد اس پائے نازہی کی ہے

جب رنگ مقدر نے بدلا رنگین سہارے دُور ہوئے

طوفان کی زد میں آتے ہی کشتی سے کنارے دُور ہوئے

پہلے کی طرح پھر ساتھ آئے جب رنج و الم کی رات گئی

اے صبحِ طرب اب تو ہی بتا کب دوست ہمارے دُور ہوئے

دل کھول کر اُن کے عالم پر پھر گردشِ دوراں ہنسنے لگی

مے خانے سے جب اے پیرِ مغاں آلام کے مارے دُور ہوئے

۳۶

کلیوں نے گریباں چاک کیے شبنم نے بکھیرا اشکوں کو
جب چاند کی کشتی ڈوب گئی جس وقت ستارے دُور ہوئے
وہ شام نہ دل کو بھولے گی گرداب سے جب اُلجھی کشتی
بے رنگ نگاہوں سے یکدم خوش رنگ نظارے دُور ہوئے

غم سے جگر ہو چاک نظر ترجماں نہ ہو
شرطِ فغاں ہے دل میں بھی نقشِ فغاں نہ ہو

ہر ذرّہ جستجو میں ہے اب مرکزِ نگاہ
یُوں بھی تو کوئی جانِ نظر لامکاں نہ ہو

فرقت میں عشق پہنچا ہے اس راہ پر جہاں
آنکھوں میں اشک تک نہ ہو مُنہ میں زباں نہ ہو

خلوت کے اس مقام کو جی چاہتا ہے آج
میں بھی جہاں نہ ہو سکوں تو بھی جہاں نہ ہو

وہ مہرباں ہوئے ہیں تو اب یہ ہے آرزو
دل لاکھ وقفِ غم ہو کوئی مہرباں نہ ہو

کیا حشر تا ابد ہے غرقِ گناہ زہد
وہ رند جس پہ سایۂ پیرِ مغاں نہ ہو

غنچوں ہی سے غرض نہ گلوں ہی سے کام ہو
یوں زائروں سے تنگ تو اے باغباں نہ ہو

دیا گیا ہے مل گئی ہمیں ساقی کے فیض سے
اک ایسی سرزمیں کہ جہاں آسماں نہ ہو

دشمن کے حالِ زار پہ بھی رو رہا ہوں میں
دل یہ سمجھ رہا ہے مری داستاں نہ ہو

۳۹

بجلی کے تاریں ترا سامانِ آشیاں
اے طائرِ بلند فضا نوحہ خواں نہ ہو
ہر آستاں پر اس لئے ہے سر بسجدہ دل
شک یہ گزر رہا ہے ترا آستاں نہ ہو

۴۰

مجھ کو ہر جُرعہ نے بخشا ہے تصوّر تیرا
میں بلا سے ہوں بلا نوش گنہ گار نہیں

کفر و ایماں کا خیال اُلفتِ جاناں میں کسے
پاسِ تسبیح نہیں حُرمتِ زنّار نہیں

مفت بدنام کئے جاتی ہے دُنیا تم کو
تم جفا کوش جفا پیشہ جفا کار نہیں

دو جہاں تیرے تصوّر پہ نچھاور کر دوں
وادیٔ عشق ہے یہ مصر کا بازار نہیں
گھر کئے جاتے ہیں بے ساختہ جان و دل ہیں
کچھ جگر پارے ہیں یار و! مرے اشعار نہیں

۴۲

خوگر جو تیرے لئے غمِ دوراں نہیں رہے

وہ لوگ قابلِ غمِ جاناں نہیں رہے

محسوس ہو رہا ہے مری بزم کے چراغ

جب تم چلے گئے تو فروزاں نہیں رہے

جب سے ہوئے ہیں جور کی لذت سے آشنا

ہم تیرے التفات کے خواہاں نہیں رہے

جینے کو جی رہا ہوں مگر بے دلی کے ساتھ
وہ ولولے وہ عزم وہ ارماں نہیں رہے

ہم بک گئے خلوصِ خریدار کے عوض
پھر بھی غرور یہ ہے کہ ارزاں نہیں رہے

اپنی تو بات کیا ہے جنھیں کوئی غم نہ تھا
وہ لوگ بھی حیات سے شاداں نہیں رہے

۴۴

بے رنگ و بو ہے صحنِ گلستاں ترے بغیر
خاشاک و خس ہیں لالہ و ریحاں ترے بغیر

راتوں کا ذکر کیا مرے دن بھی سیاہ ہیں
تیرے بغیر اے مہِ تاباں ترے بغیر

اب بزمِ مے ناؤ نوش میں وہ کیف ہی نہیں
ہر موجِ مے ہے حشر بداماں ترے بغیر

۴۵

موجیں کنارِ آب کی اب خواب ہو گئیں
راحت ہے ایک خوابِ پریشاں ترے بغیر

ہر خار زار غیرتِ جنّت تھا تیرے ساتھ
گلزار بھی ہے ایک بیاباں ترے بغیر

غنچوں میں تازگی ہے نہ پھولوں میں جان ہے
افسردہ سی ہے صبحِ بہاراں ترے بغیر

رونق تھی تیرے دم ہی سے اے رُخِ کائنات
بے جان سا ہے عالمِ امکاں ترے بغیر

اے ماہ رو خدا کے لئے آشکار ہو
ظلمت کدہ ہے بزمِ چراغاں ترے بغیر

ارمان دم بخود ہیں تمنّا خموش ہے
دل بن گیا ہے شہرِ خموشاں ترے بغیر

ناصح نہ بہک کچھ ہوش میں آ یہ رندوں کا میخانہ ہے

دل ہوتے ہیں محوِ سجدہ یہاں معبود یہاں پیمانہ ہے

یہ کہتی ہے ساغر سے مینا مے خوار، دل کو اتنا تو بتا

جو پی کر مستانہ نہ بنے وہ دیوا نہ فرزانہ ہے

اُٹھے ہو ابھی تم پہلو سے محسوس مگر یہ ہوتا ہے

سنسان ہیں مدت سے آنکھیں دل مدت سے ویرانہ ہے

۴۷

یہ عالمِ یاس معاذاللہ آنسو بھی سہمے جاتے ہیں
راحت بھی حقیقت تھی پہلے اب غم بھی اک افسانہ ہے

خوابِ منزل دیکھتے ہی رہ گئے منزل سے دور
اپنی کشتی آج بھی ہے ناخدا ساحل سے دور
ہم یہ کہہ کر اب تو بہلاتے ہیں اپنے آپ کو
وہ نظر سے دور ہیں لیکن نہیں ہیں دل سے دور
عمر بھر کا عہدِ الفت خوب صورت وہم ہے
دل سے ہوتا ہے مگر یہ وہم ہی مشکل سے دور

۴۹

دل اگرچہ بجھ چکے ہیں پھر بھی اپنی آگ میں
جلنے والے جل رہے ہیں آپ کی محفل سے دور
میں زمیں پر ہوں مگر میرے خیالات بلند
اُڑ رہے ہیں دُور اس دنیائے آب و گل سے دُور

۵۰

اپنے زخمِ دل کہ ان کی رہگزر دیکھا کریں
"اے ہجومِ آرزو تو ہی بتا ہم کیا کریں"
آپ سے کہتی تو ہوں گی آپ کی تنہائیاں
اپنے عہدِ رفتہ کی یادوں کو پھر تازہ کریں
شمع کو چپ چاپ اپنے غم میں جلتا دیکھکر
یہ خیال آتا ہے ہم کیوں عشق کو رسوا کریں

۵۱

کوئی جامِ آتشیں ساقی عنایت ہو کہ ہم
آگ ہی سے اپنے دِل کی آگ کو ٹھنڈا کریں

مجھ کو اپنے رازداروں کی خوشی مقصود ہے
جس قدر چاہیں مرے احساس کو رسوا کریں

جھوم اُٹھیں ماہ و انجم آدمی تو چیز کیا
وہ کسی شب کو جو بے پردہ رُخِ زیبا کریں

ایک قطرے میں ڈبو دیں وسعتِ دریا کو ہم
اور اگر چاہیں تو اک قطرے کو بھی دریا کریں

۵۲

جس گلستاں میں کوئی خار نہیں
میرے نزدیک پُر بہار نہیں
اب مجھے انتظار ہے اپنا
اب مجھے تیرا انتظار نہیں
رہزنوں کا تو خیر کیا کہنا
رہبروں کا بھی اعتبار نہیں

۵۳

کہکشاں بھی حسیں سہی پیارے
یہ مگر تیری رہگزار نہیں
خشک کانٹے عزیز ہیں لیکن
شوخ پھولوں سے مجھ کو پیار نہیں
آج تو آپ بھی ہیں پہلو میں
آج بھی دل کو کیوں قرار نہیں
ہوش سے جس کو پیار ہے ساقی
وہ حقیقت میں ہوشیار نہیں
مر چکیں اس کی سب تمنائیں
دل مگر پھر بھی سوگوار نہیں
موت کا اعتبار ہو تو ہو
زیست کا کوئی اعتبار نہیں

دِل ایسے جاں نثار نے رسوا کیا ہمیں
اک مہ جبیں کے پیار نے رسوا کیا ہمیں

بدنام کب ہوئے ہیں بھلا میکشی سے ہم
غمہائے روزگار نے رسوا کیا ہمیں

کچھ اپنی بادہ نوشیاں حد سے گزر گئیں
کچھ شیخِ نابکار نے رسوا کیا ہمیں

معصومیوں کے جُرم میں اے سادہ لوحِ دِل
دُنیائے فتنہ کار نے رسوا کیا ہمیں

رسوائی اپنے راز کی ممکن نہ تھی، مگر
اپنے ہی راز دار نے رسوا کیا ہمیں

جس شوق کیلئے تھا بہت ضبطِ غم عزیز
اس شوقِ بیقرار نے رسوا کیا ہمیں

اپنا ہی ایک یار ہمیں تھا عزیزِ جاں
اپنے ہی ایک یار نے رسوا کیا ہمیں

اپنا شعار صرف تھا تلقینِ دوستی
لیکن اسی شعار نے رسوا کیا ہمیں

تقصیر وار ہے صرف اپنی ہی بیخودی
اپنے ہی انتظار نے رسوا کیا ہمیں

۵۶

دُعا رنگ لائی ہے منظور ہو کر

پلٹ آئے ہیں پھر وہ مجبور ہو کر

ترے حُسن نے گُل کھلائے ہیں کیا کیا

کہیں مصر بن کر کہیں طُور ہو کر

مدد کر تُو ہی اے نگاہِ تصوّر

کہاں تک رہیں گے وہ مستور ہو کر

۵۷

دعائیں مری ہوں نہ مقبول یارب
کہیں آ نہ جائیں وہ مجبور ہوکر

تصوّر نہ کر اے دِل اس برق وش کا
کہ آنکھیں نہ رہ جائیں بے نُور ہوکر

نہیں تاب دیدار ہی جب کسی کو
وہ رہتے ہیں پھر کس سے مستور ہوکر

اثر ہے یہ جذبِ محبت کا شاید
کھنچے آ رہے ہیں وہ مجبور ہوکر

خیال آ گیا کس کے روئے حسیں کا
چمکتا ہے ہر داغِ دل طور ہوکر

بہر حال وہ حشر ڈھاتے ہیں دل پر
کبھی پاس رہ کر کبھی دُور رہ کر

پلکوں پہ ستارے ہیں رقصاں یہ سانس ہے یا ہے تیغِ رواں

ہر آہ میں نشتر پنہاں ہیں ہم ظلم کا شکوا کیوں نہ کریں

دیکھو تو قسمت کی خوبی ٹکرا کر ساحل سے ڈوبی

کشتی تھی سلامت دریا میں ہم دریا دریا کیوں نہ کریں

تصویرِ عشق ہیں ہم یکسر تنویرِ حُسن ہے وہ دلبر

ہم عشق کا دعوےٰ کیوں نہ کریں وہ حُسن کا دعویٰ کیوں نہ کریں

۵۹

غم کھانا اور آنسو پینا مرنے سے بدتر ہے جینا
اب تو ہی بتا اے شوخ نظر ہم تجھ سے کنارا کیوں نہ کریں

ہے عشق سراسر بدنامی ہے عشق سراسر ناکامی
جو عشق ڈرے رسوائی سے اس عشق کو ہوا کیوں نہ کریں

دیدار کی تاب بھی لا نہ سکے آنکھوں کی پیاس بجھا نہ سکے
پردے کا گلہ کرنے والے جلووں کا شکوہ کیوں نہ کریں

ساحل ہی پہ کشتی غرق ہوئی ہر شاخِ تمنا برق ہوئی
یہ جینا بھی کیا جینا ہے مرنے کی تمنا کیوں نہ کریں

۶۰

دشمنوں پر گماں ہے یاروں کا
ظرف دیکھو وفا شعاروں کا
اک فقط اپنی بے بسی کے سوا
کون ہوتا ہے بے سہاروں کا
جب بھی سوتا ہے کوئی ہجر نصیب
ٹوٹ جاتا ہے دل ستاروں کا

منزلوں کی ہمیں طلب نہ رہی
دیکھ کر حسن رہگزاروں کا
کس لئے چھیڑتے ہو زخموں کو
پوچھ کر حال میرے یاروں کا
تجھ کو مغموم دیکھ کر پیارے!
ٹوٹ جائے گا دل بہاروں کا
کوئی ہمدرد جب بھی ملتا ہے
درد بڑھتا ہے دل فگاروں کا

جو کسی کے پیار کی دین تھے وہ نقوش میں نے مٹا دئے
جو جلائے تھے کبھی شوق سے وہ چراغ خود ہی بجھا دئے

مری منزلیں ہیں اُداس کیوں کہاں کھو گئے ترے نقشِ پا
مرے سجدے جن پہ نثار تھے وہ نشان کس نے مٹا دئے

تجھے کیا خبر ہے اے بے خبر تری آبرو کے خیال سے
میں نے اپنی آنکھوں کو سی لیا میں نے اپنے ہونٹ جلا دئے

٦٣

مرے دشمنوں کا سابزک بھی جنھیں آج تک نہ دکھا سکا
غمِ زندگی کے وہ دن مجھے مرے دوستوں نے دکھا دیے

٦۴

جب نظر میں پیدا وسعت ہو گئی
ہر حقیقت بے حقیقت ہو گئی
جب سے نظریں پھیر لیں ہیں آپ نے
ساری دُنیا بے مروت ہو گئی
پوچھتے ہیں وہ تمہیں کیا ہو گیا
کیا کہوں کس سے محبت ہو گئی

۶۵

تم نے آنکھیں پھیر لیں تو کیا ہوا
دلِ ناداں کو نصیحت ہو گئی

کیا مقام آیا تمھارے ہجر میں
آپ اپنے ہی سے وحشت ہو گئی

دوستو کیا ہو گیا تم کو ہمیں
زخم کھائے ایک مدّت ہو گئی

اپنا غم بخشا ہے جب سے آپ نے
ہر خوشی سے ہم کو نفرت ہو گئی

جانِ من! تم جب نظر میں آ گئے
وہ نظر بھی خوب صورت ہو گئی

۶۶

زیست جب بے نقاب ہوتی ہے
کس کو جلوے کی تاب ہوتی ہے
زُلفِ محبوب اگر بکھر جائے
رحمتوں کا سحاب ہوتی ہے
زندگی کی ہر ایک ناکامی
زندگی کا نصاب ہوتی ہے

۶۷

بعض اوقات ذہنِ شبنم میں
حدّتِ آفتاب ہوتی ہے
بے بسی حد سے جب گزر جائے
باعثِ انقلاب ہوتی ہے
جس میں شامل خلوصِ باطن ہو
ایسی لغزش ثواب ہوتی ہے
ابتدائے شباب کی اُلفت
یادگارِ شباب ہوتی ہے

۶۸

ہم اہلِ غم کو مسرّت سے دشمنی تو نہیں
مگر یہ چیز جہاں میں نصیب ہی تو نہیں
ہر ایک سجدے میں ارمان حُور و غلماں کا
یہ اک طرح کی تجارت ہے بندگی تو نہیں
فریب دینے کے بارے میں آپ ہی جانیں
فریب کھانے کی عادت مگر بُری تو نہیں

۶۹

سب اہل غم میں نزاکت کہاں ہے شبنم کی
ریاضِ دہر میں رونا کوئی ہنسی تو نہیں

کسی کے دل پہ بھی اس کا اثر نہیں ہوتا
تری وفا ہی میں اے دل کوئی کمی تو نہیں

نہ کوئی عزم نہ کوئی لگن نہ کوئی اُمنگ
یہ ایک موت ہے اے دوست زندگی تو نہیں

جسے تو حسنِ مجسّم کا نام دیتا ہے
کہیں یہ تیری نظر ہی کی دلکشی تو نہیں

۷۰

صہبا کے آسرے پہ دُنیا میں جی رہا ہوں
یہ مجھ کو پی رہی ہے میں اس کو پی رہا ہوں
جس کی ہر اک خطا پہ قدرت بھی جھومتی ہے
روزِ ازل سے میں ہی وہ آدمی رہا ہوں
دُنیا کو کیا خبر ہے ہنگامۂ جہاں میں
جی جی کے مر رہا ہوں مر مر کے جی رہا ہوں

۷۱

یہ جنتیں جہاں کی جچتی نہیں نظر میں
ان بستیوں میں آخر میں بھی کبھی رہا ہوں
پہنچا ہے انتہا پر ضبطِ غمِ محبت
لب کب کے سی لئے تھے اب اشک پی رہا ہوں

غم جسے وجہِ شادمانی ہے
محرمِ رازِ زندگانی ہے
جس کو ڈھایا گیا مرے دل پر
حسن وہ قہرِ آسمانی ہے
تیرے معصوم سے تکلم میں
کسی تلوار کی روانی ہے

۷۳

لوگ کہتے ہیں دخترِ رز جس کو
کشورِ بے خودی کی رانی ہے
بس یہی ہے حقیقتِ دُنیا
ہر حقیقت یہاں کہانی ہے

۴۷

پیار سے پھر پیار کی باتیں کریں
عارض و رُخسار کی باتیں کریں
بے صدا جھنکار کی باتیں کریں
وقت کی رفتار کی باتیں کریں
آپ اجازت دیں تو بزمِ ناز میں
آپ کے بیمار کی باتیں کریں

۷۵

باغِ ہستی میں تو سب ہیں گُل پرست
کس سے مل کر خار کی باتیں کریں

دردِ ہستی دردِ دُنیا دردِ دوست
اپنے کس آزار کی باتیں کریں

جن کو ساحل کا سکوں مرغوب ہے
ان سے کیا منجدھار کی باتیں کریں

کیوں بڑھائیں اپنے غم کو اور ہم
کیوں کسی غم خوار کی باتیں کریں

۷۶

آپ کی آرزو کئے نہ بنی
اپنے دل کا لہو کئے نہ بنی
حُسن نے جب اُٹھائی رُخ سے نقاب
عشق سے گفتگو کئے نہ بنی
اک تری آرزو کے بعد ندیم
پھر کوئی آرزو کئے نہ بنی

۷۷

اپنی آنکھوں کے آنسوؤں کی قسم
عاشقی بے وضو کئے نہ بنی
رنگ و بُو کا مآل ظاہر تھا
خواہشِ رنگ و بُو کئے نہ بنی

۷۸

غمہائے روزگار سے ہم کھیلتے رہے
یہ کھیل بھی وقار سے ہم کھیلتے رہے
دُنیا کو کیا خبر گل و لالہ کی اوٹ میں
اپنے دلِ نگار سے ہم کھیلتے رہے
گو واقفِ مآل تھے پھر بھی خلوص سے
رنگینیٔ بہار سے ہم کھیلتے رہے

۷۹

کھاتے رہے فریبِ وفا جان بوجھ کر
ہر آستیں کے مار سے ہم کھیلتے رہے

ہر چند زخم زخم تھا سینے میں دل مگر
خوبانِ گُل عذار سے ہم کھیلتے رہے

ہر پھول اپنے حُسن پہ شرما کے رہ گیا
گلشن میں نوکِ خار سے ہم کھیلتے رہے

اے دوست! ہم سے لذّتِ آوارگی نہ پوچھ
ہر راہ کے غبار سے ہم کھیلتے رہے

دُنیا کے کاروبار اگرچہ تھے دِل شکن
دُنیا کے کاروبار سے ہم کھیلتے رہے

۸۰

خوشی کی لہر طوفانِ بلا معلوم ہوتی ہے
ہماری زندگی ہم سے خفا معلوم ہوتی ہے
میں اپنے دل کی دھڑکن سے بھی اکثر چونک اٹھتا ہوں
مجھے یہ بھی تری آوازِ پا معلوم ہوتی ہے
شراب اک دشمنِ جاں ہے ترے نزدیک اے واعظ
ہمیں یہ چیز تو غم کی دوا معلوم ہوتی ہے

اگر انسان کا ذوقِ عبادت خوب صورت ہو
تو ہر مٹّی کی مورت دیوتا معلوم ہوتی ہے
گزرتا ہے محبّت میں اک ایسا وقت بھی دل پر
حسینوں کی جفا بھی جب وفا معلوم ہوتی ہے
حقیقت میں حقیقت کی امانت دار ہوتی ہیں
وہ آنکھیں جن کو ظلمت میں ضیا معلوم ہوتی ہے
محبت کرنیوالوں کو وفا کی رہگزاروں میں
ہر اک ٹھوکر بھی اپنا رہنما معلوم ہوتی ہے

۸۲

جو ہر کسی کی نظر میں شراب خانہ ہے
تری نظر ہی کا اک قیمتی فسانہ ہے
عجیب کیف سا ہے میرے ذہن پر طاری
ترا خیال بھی اک بے صدا ترانہ ہے
یہی حیات اگر ہے تو کیا حیات ہے یہ
اگر یہی ہے زمانہ تو کیا زمانہ ہے

۸۳

میرے خیال میں بس ایک خواب ہے دُنیا
یہاں کی جو بھی حقیقت ہے اک فسانہ ہے
کسی خوشی کو بھی دل میں جگہ نہیں دیتا
تمہارے غم سے جسے ربط والہانہ ہے
کسی بھی رِند میں پہلا سا اب خلوص نہیں
مزاجِ پیرِ مغاں کا بھی تاجرانہ ہے

تمہاری جفا گو جفا تو نہیں ہے

مگر یہ وفا کا صلا تو نہیں ہے

مرے دل کو غم سے بھی نسبت ہے لیکن

تمہارے سوا اور کا تو نہیں ہے

جو منجدھار میں لا کے ہم کو بھلا دے

خدا بھی کوئی ناخدا تو نہیں ہے

۸۵

مجھے مار ڈالا ہے گو دوستوں نے
مگر پھر بھی ان سے گلا تو نہیں ہے
مرے دردِ دل پر تمہاری تسلّی
بڑی شے ہے لیکن دوا تو نہیں ہے
نہایت مقدس سہی آبِ کوثر
مگر اس میں مے کا مزا تو نہیں ہے
ترے لب پہ نام خدا تو ہے زاہد
مگر دل میں خوفِ خدا تو نہیں ہے

تیرا ملنا تو کچھ محال نہیں
میں ہی صرف عاشقِ وصال نہیں

جب سے کوئی مرے خیال میں ہے
میں کہاں ہوں مجھے خیال نہیں

غم یہی ہے کہ آپ غمگیں ہیں
اپنے غم کا مجھے ملال نہیں

۸۷

خوب صورت مری نظر ہے فقط
کوئی جلوا تو خوش جمال نہیں
جاوداں ہے ہمارا عشق مگر
آپ کا حسن لازوال نہیں
اپنا جینا بھی کوئی جینا ہے
پھر بھی مرنا کوئی کمال نہیں
اپنا رہبر ہی جب نہیں کوئی
گمرہی کا کوئی سوال نہیں

۸۸

میرے احساس کے اندھیرے میں
آپ کی یاد جگمگاتی ہے
جب وہ زلفیں بکھیر دیتے ہیں
تیرگی جھوم جھوم جاتی ہے
ہائے کیا شے ہے زندگی اپنی
چوٹ کھا کر بھی مسکراتی ہے

۸۹

جادۂ زیست میں ہر اک ٹھوکر
راہ پر زندگی کو لاتی ہے
میری ویران مسکراہٹ بھی
سرخوشی کی ہنسی اُڑاتی ہے
اس طرح آرہے ہیں وہ جیسے
گلستاں میں بہار آتی ہے
آپ بیتی ہے شاعری میری
یعنی ہر شعر وارداتی ہے

۹۰

جھوم جاتے ہیں چاند تارے بھی
جب وہ بالائے بام آتے ہیں

جب ہمیں سے تھی بے نیازی بھی
اب ہمیں کو پیام آتے ہیں

دہر میں بد نصیب انساں ہی
بد نصیبوں کے کام آتے ہیں

۹۱

زندگی کی دراز راہوں میں
اکثر ایسے مقام آتے ہیں
ق
چھوڑ دیتے ہیں ساتھ رہبر جب
اور رہزن ہی کام آتے ہیں

جن کے آنے کی اب اُمید نہیں
یاد کیوں صبح و شام آتے ہیں

ایسے ہم آ گئے ہیں گردش میں
جیسے گردش میں جام آتے ہیں

ایک دو شاعروں کی بات نہیں
میکدے میں تمام آتے ہیں

۹۲

نگاہِ ناز جب سے مہرباں ہے
مرا احساس مجھ سے بدگماں ہے
محبت کی عجب یہ داستاں ہے
کہ اک آزارِ دل آرام جاں ہے
فنا کیا ہے سکونِ جاوداں ہے
بقا کیا اتحادِ جسم و جاں ہے

مجھے محسوس یہ ہوتا ہے اکثر
مرے دل کی اداسی جاوداں ہے
کسے معلوم میری مسکراہٹ
مرے دردِ نہاں کی ترجماں ہے
فرشتے بھی جہاں کرتے ہیں سجدہ
وہ اس کافر کا سنگِ آستاں ہے
وہ کہتے ہیں مٹا دیں گے جہاں سے
مجھے اُمیدِ عمرِ جاوداں ہے
بہارِ عمرِ رفتہ ڈھونڈتا ہوں
کہاں ہے وہ مرا بچپن کہاں ہے
مرے نزدیک یہ دنیائے فانی
نشاط وغم کا رقصِ جاوداں ہے

۹۴

ہماری سادہ لوحی اللہ اللہ

کہ ہر رہزن پہ رہبر کا گُماں ہے

ارے توبہ نزاکت میرے دل کی

کسی کی مہربانی بھی گراں ہے

ہماری زندگی کی ظلمتوں میں

کسی کی یاد اب تک ضوفشاں ہے

دل ہے دل میں غمِ جدائی ہے
واہ واکیا حیات پائی ہے
جب کبھی دل نے چوٹ کھائی ہے
روحِ احساس مسکرائی ہے
اے شگفتہ گلوں کے دیوانو!
خشک کانٹوں میں کیا برائی ہے

۹۶

جس طرف میں نہیں وہاں میں بھی
جس طرف تم وہاں خدائی ہے
جس کا اظہار ہو نہیں سکتا
ہم نے دل پہ وہ چوٹ کھائی ہے
بوالہوس نے بہا کے اشکوں کو
اپنے غم کی ہنسی اُڑائی ہے
آپ آئے مرے تصور میں
یا چمن میں بہار آئی ہے

طالبِ دو جہاں سنبھل اتنا تو امتیاز کر
کرنی ہے حرص و آز اگر حق ہی کی حرص و آز کر
آندھیاں بھی ہیں دم بخود لہروں پہ بھی سکوت ہے
بہرِ خدا ہی ناخدا خوف سے بے نیاز کر
ہے جہاں آشیانِ شوق برقِ نظر بھی ہے وہیں
اب میں کہوں تو کیا کہوں مجھ پہ نگاہِ ناز کر

۹۸

منبرِ عشق سے یہی آتی ہے دم بدم صدا
اشکوں سے ہو کے باوضو آرزوئے نماز کر
لاکھ ہوں آفت والم لاکھ ہوں درد و رنج و غم
فکر کی فکر تک نہ ہو زیست کو عشق باز کر
سمجھا ہے جن کو آفتیں اصل میں ہیں وہ رحمتیں
ظلم و جفا بھی لطف ہیں ان سے نہ احتراز کر
جذبۂ غیرت و خودی اپنے مقام کو نہ چھوڑ
اپنی نماز سجدہ سے حق کو نہ تو مجاز کر

دل عشق سے بیزار ہے معلوم نہیں کیوں
جو سانس ہے تلوار ہے معلوم نہیں کیوں
تقصیر ہے کوئی تو ہے کم فہموں کی لیکن
منصور سرِ دار ہے معلوم نہیں کیوں
ساقی! تری رحمت سے ہر اک ذرہ ہے میکش
میرے لئے انکار ہے معلوم نہیں کیوں

دیکھا بھی نہیں اس نے ابھی آنکھ اُٹھا کر
دل بے خود و سرشار ہے معلوم نہیں کیوں

کافر ہو کہ دیندار ہو اے حسنِ فسوں ساز
تیرا ہی گرفتار ہے معلوم نہیں کیوں

چلمن ہے نہ پردہ مگر اللہ ری حسرت
مشکل ترا دیدار ہے معلوم نہیں کیوں

اس گل کا تصور بھی ہے روپوش ابھی تک
دل روکشِ گلزار ہے معلوم نہیں کیوں

جس بت پہ مری جان بھی قرباں مرا دل بھی
وہ برسرِ پیکار ہے معلوم نہیں کیوں

۱۰۱

اگرچہ ہم ہیں تائب میکشی سے
پلائیں وہ تو پی لیں گے خوشی سے
مری ہی بات کیا اے ہم نشینو!
ہزاروں جی رہے ہیں بیدلی سے
یہی دُنیا یہی بے درد دُنیا
بہت کھیلی ہے میری سادگی سے

۱۰۲

شکایت آپ سے ہی میرے دل کو
محبت بھی مگر ہے آپ ہی سے

کئی رندوں کے ساغر میکدے میں
چھلک جاتے ہیں میری تشنگی سے

ترے بے اعتنا ہونے سے پہلے
مجھے نسبت نہیں تھی میکشی سے

کسی کی بزم کا تو ذکر کیا ہے
ہم اپنے گھر میں بھی ہیں اجنبی سے

ہماری دور بینی کو کوئی سمجھے تو کیا سمجھے
ستم کو ہم کرم سمجھے جفا کو ہم وفا سمجھے

مداوا کون کر سکتا ہے اس کی خود فریبی کا
جو اپنے دل کی دھڑکن کو تری آوازِ پا سمجھے

ترے ہی فیض سے کشتی ہوئی ہے نذر طوفاں کی
مگر ہم ناخدا پھر بھی تجھے اپنا خدا سمجھے

۱۰۴

نظر اپنی ہے اندازِ نظر بھی اپنا اپنا ہے
جسے سب انتہا سمجھے اسے ہم ابتدا سمجھے

اگر وہ شوخِ سادہ دل نہیں سمجھا تو کیا شکوا
ہم اپنے دل کا خود بھی آج تک کب مدّعا سمجھے

تجھے آتا ہے صرف انسان کے دِل کو دکھانا ہی
زمانے او زمانے تو کسی کا درد کیا سمجھے

۱۰۵

شوخیِ ادائے حُسن کی بل کھا کے رہ گئی
مستی نگاہِ شوق میں لہرا کے رہ گئی
وہ آنکھ موجِ کیف کو چھلکا کے رہ گئی
رندوں کی روح کھلتے ہی مرجھا کے رہ گئی
اس کی جبینِ نازجو اترا کے رہ گئی
میری نگاہِ شوق بھی للچا کے رہ گئی

آنکھوں سے جب ٹپکنے لگی غم کی داستاں
تکمیلِ عرضِ آرزو گھبرا کے رہ گئی

اس ماہ رو کے حسن کی اللہ ری کشش
میری نظر گئی جو وہاں جا کے رہ گئی

قیدِ قفس میں پہنچا جو پیغامِ فصلِ گل
بلبل فریبِ رنگِ چمن کھا کے رہ گئی

اس برق وش کے حسن کی رعنائیاں نہ پوچھ
فطرت بھی اپنے آپ میں شرما کے رہ گئی

قصہ یہ مختصر سا ہے شامِ نشاط کا
صبحِ فراق دل پہ مرے چھا کے رہ گئی

آخر حدیثِ عشق بیاں ہو تو کس طرح
سو بار یاس قلب سے ٹکرا کے رہ گئی

۱۰۷

وہ ملتے ہی مجھ سے خفا ہو گیا
یہ لُطف اور بھی غم فزا ہو گیا
غمِ دہر سے وہ رہا ہو گیا
محبّت میں جو مبتلا ہو گیا
روا ہو گیا ناروا ہو گیا
دلِ زار جو ہو گیا ہو گیا

۱۰۸

ترا ظلم کیا جاں فزا ہو گیا
ترا دردِ دل خود دوا ہو گیا

یہ فصلِ جنوں خیز کا فیض ہے
کہ زخمِ جگر پھر ہرا ہو گیا

نثار اس پہ دل بھی کیا جان بھی
حق اپنی وفا کا ادا ہو گیا

خدا جانے کیا کہہ گئی وہ نظر
گلا لب تک آتے دُعا ہو گیا

دلِ بدگماں کیا دکھائے گا مُنہ
اگر ان کا وعدہ وفا ہو گیا

یہ کس برق وش کی نقاب اُڑ گئی
مرا نُورِ دیدہ ہوا ہو گیا

دلوں میں خود بخود برپا قیامت ہو ہی جاتی ہے
محبّت کون کرتا ہے محبت ہو ہی جاتی ہے
طلب جب حد سے بڑھتی ہے تو آتا ہے مقام ایسا
جہاں خود آپ اپنے سے حقارت ہو ہی جاتی ہے
تعلّق تو نہیں تجھ سے بوقتِ مے کشی لیکن
ہمیں محسوس کچھ تیری ضرورت ہو ہی جاتی ہے

اگرچہ توڑ کر دل پرسشِ احوال کرتے ہو
کسی صورت سہی تم سے عنایت ہو ہی جاتی ہے

عجب کیا جو محبت میں تمہیں ہم بھول بیٹھے ہیں
یہاں خود کو بھُلانے کی بھی عادت ہو ہی جاتی ہے

خوشی کی آرزو کرتا تو ہے پہلے پہل لیکن
اسیرِ غم کو آخر غم سے رغبت ہو ہی جاتی ہے

محبت اک شرارت ہی سہی اے ناصحِ مشفق
جوانی کے دنوں میں یہ شرارت ہو ہی جاتی ہے

◀◀ ● ▶▶